AF359599

MŒURS BÉARNAISES

MOEURS

BÉARNAISES

1335 à 1550

RENSEIGNEMENTS SINGULIERS

EXTRAITS DES MINUTES DES NOTAIRES DU DÉPARTEMENT

DES BASSES-PYRÉNÉES;

PUBLIÉS PAR

PAUL RAYMOND

Archiviste du département des Basses-Pyrénées.

BORDEAUX

IMPRIMERIE G. GOUNOUILHOU

11, rue Guiraude, 11

1873

INTRODUCTION

En classant les archives du département des Basses-Pyrénées, nous avons rencontré, dans les minutes des notaires, beaucoup d'actes remarquables par la singularité des mœurs qu'ils révèlent; nous n'avons pas recueilli tous les documents de ce genre que nous avons vus, mais il nous a semblé qu'il était utile d'en publier quelques-uns pour signaler une source de renseignements importante et encore inexplorée.

Notre choix fait, dans quel ordre devions-nous publier ces documents?—Nous les avons classés historiquement dans l'ordre chronologique, et, pour faciliter aux curieux la recherche des divers renseignements qui peuvent les intéresser, nous avons fait précéder les textes des documents par une analyse sommaire.

Puis, nous avons groupé en tête de notre

Introduction, et dans l'ordre alphabétique, le résumé des renseignements contenus dans l'ensemble des documents que nous publions sous les titres suivants : *Adultère, Cagots, Cautions judiciaires, Concubinage, Divorce, Ecclésiastiques, Excommunication, Joueurs, Mariage, Médecins, Paternité, Prison, Séducteur, Serment.*

ADULTÈRE.

Le 26 novembre 1375, un baron, ayant enlevé la femme d'un de ses vassaux, est condamné par sentence de Gaston-Phœbus, comte de Foix, prononcée dans l'église de Pau, à promettre de ne pas faire de mal au mari outragé et à lui donner une belle paire de bœufs. Quant à la femme, que son mari reprendra, s'il le veut, elle perdra la dot que son mari lui avait donnée, et paiera à son mari, de ses biens propres, une valeur égale à celle que le mari lui avait donnée en l'épousant.

Le 25 mai 1385, une femme, accusée d'adultère par son mari et par ses frères, ayant osé jurer sur les reliques des saints que sa fille a été engendrée des œuvres de son mari, est déclarée à l'abri de toute poursuite.

La même année, un seigneur fait jurer à un de ses vassaux que celui-ci n'a jamais eu de relations charnelles avec la femme de son seigneur, et qu'il n'en aura jamais.

Le 17 septembre 1398, un mari renonce au droit de battre sa femme, se réservant cependant d'user de ce droit dans le cas où, accompagné de témoins, il la surprendrait commettant charnellement l'adultère.

Le 30 septembre 1428, un mari consent à reprendre sa femme adultère, pourvu qu'elle revienne, lui demande trois fois pardon à genoux et que son amant promette de ne jamais entrer dans une maison où il saura que le mari ou la femme se trouvent. [Voy. aux mots : *Concubine (passim)*, *Jeux* (1336), *Paternité* (1405).]

CAGOTS OU CHRISTIAAS.

Le 4 août 1471, les autorités de Moumour, diocèse d'Oloron, font des règlements relatifs aux rapports restreints que les cagots doivent avoir avec les autres habitants.

CAUTIONS JUDICIAIRES.

L'habitude de servir de caution à ceux qui voulaient emprunter pour jouer était si répandue, que, le 12 juin 1497, un joueur s'engagea en même temps à ne plus jouer et à ne plus servir de caution pour les dettes des autres.

CONCUBINAGE.

Le 15 janvier 1364, un aumônier du diocèse d'Oloron, probablement pour procurer un bon établissement à sa concubine, consent à ce que son évêque le prive de son bénéfice, s'il a désormais aucune relation charnelle avec cette femme.

Le 25 octobre 1367, une femme mariée proteste que ce n'est pas de son consentement que son mari a introduit une concubine dans le domicile conjugal.

Le 15 décembre 1387, le comte de Foix ordonne de faire poser une croix d'étoffe sur les vêtements de toutes les femmes qui vivent, sans son autorisation, en concubinage avec des prêtres.

Le 1er avril 1388, un homme et une femme, mariés, chacun de son côté, s'associent pour vivre ensemble, comme mari et femme, et se promettent de s'épouser s'ils deviennent libres.

Le 9 mai 1405, une femme, pour ôter tout mauvais soupçon au religieux avec lequel elle vit, jure, sur l'autel de saint Antoine, que c'est réellement lui qui est le père de l'enfant qu'elle a.

Le 12 mai 1406, un acte constate les mauvais propos tenus sur l'honneur de la concubine d'un ecclésiastique.

Le 25 octobre 1414, une femme mariée jure que l'enfant qu'elle a eu avant son mariage est fils d'un amant avec lequel elle a eu très peu de relations.

Le 23 mars 1479, un mari, abandonné par sa femme, passe contrat avec une fille, du consentement des parents de celle-ci, pour qu'elle vienne vivre avec lui jusqu'à ce qu'il soit débarrassé de sa femme.

DIVORCE.

Le 20 avril 1452, un mari, auquel sa femme permet de se remarier avec qui lui plaira, permet aussi à sa femme de se remarier, mais seulement avec l'amant dont elle avait eu un enfant.

ECCLÉSIASTIQUES.

Nous avons déjà cité : un acte concernant un religieux qui faisait jurer sur l'Évangile à sa maîtresse qu'il était réellement le père de l'enfant qu'elle avait eu ; un autre acte concernant de mauvais propos tenus sur la concubine d'un curé ; et une ordonnance du souverain forçant les concubines des prêtres, qui n'avaient pas accompli certaines formalités, à porter une croix sur leurs vêtements.

Un acte du 18 juillet 1439 nous apprend que les ecclésiastiques du Béarn, non seulement s'adonnaient au jeu de dés et autres jeux, pour leur propre compte, mais aussi pour le compte d'autrui.

EXCOMMUNICATION.

Un acte du 12 juin 1497 constate que l'excommunication n'entraînait pas seulement des peines spirituelles, mais qu'elle pouvait ruiner une maison, et que, d'ailleurs, elle n'empêchait pas l'excommunié d'entrer dans les églises pour y jurer sur les Évangiles et donner de l'argent pour l'église.

JEU, JOUEURS.

La passion du jeu paraît avoir été si développée dans ces contrées, que plusieurs joueurs avaient été obligés de recourir au remède héroïque d'un engagement par devant notaire pour y apporter un frein.

Le prix modique reçu par le joueur qui s'engageait à ne plus jouer porterait à croire qu'il s'agissait, dans ces sortes d'actes, d'une autre espèce de jeu sur l'inexécution d'une promesse faite; mais il est plus probable que c'était une condition nécessaire à la validité de l'acte.

Le 8 mars 1336, un joueur s'engage devant notaire à prendre chez lui, nourrir et entretenir pendant deux ans, un de ses amis, si cet ami peut prouver, d'ici à deux ans, qu'il a joué ou fait jouer pour lui.

Le 16 octobre 1337, un joueur s'engage envers son seigneur à lui payer immédiatement 200 sous morlàas, ou à sauter du pont d'Orthez dans le Gave, s'il joue ou s'il fait jouer pour lui à aucun jeu d'argent.

10 avril 1385. Dans le contrat d'apprentissage d'un jeune chaudronnier, l'apprenti s'engage à ne jouer à aucun jeu où l'on puisse perdre plus d'une demi-mesure de vin à boire.

Le 15 mars 1393, un charron donne une charrette

neuve à un de ses amis, à condition que celui-ci lui paiera 3 écus d'or toutes les fois que, pendant trois ans, il jouera ou fera jouer pour lui à aucun jeu d'argent.

Le 15 octobre 1427, un joueur promet de payer 4 florins au vicomte de Béarn, 4 à la fabrique d'Oloron et 4 à un particulier, chaque fois que, pendant trois ans, il aura joué ou fait jouer pour lui à un autre jeu que celui des quilles et à tout boire et à tout manger.

Le 18 septembre 1429, un joueur s'engage, pendant sept ans, à ne jouer à pas une espèce de jeu, même à tout boire et à tout manger, sous peine d'une amende de 18 sous et de 75 livres d'huile à partager entre le seigneur de Béarn et diverses églises, et même de la prison en cas de non paiement.

Le 18 juillet 1439, un prêtre s'engage envers son maréchal-ferrant à ne pas jouer aux dés pendant deux ans, sous peine de payer chaque fois un marc d'argent et un autre marc à la fabrique de son église.

Le 12 juin 1497, un habitué des tavernes, voyant que son inconduite lui a attiré une excommunication qui peut le ruiner, jure sur les Évangiles de ne jouer à aucun jeu et de ne servir de caution à aucun emprunteur, sous peine de payer, chaque fois, 5 écus à la fabrique de sa paroisse et 5 écus au vicomte de Béarn.

Le 8 mai 1504, un joueur s'engage à payer une

amende d'un marc d'argent chaque fois qu'il jouera dans un jour, en Béarn ou ailleurs, plus que la valeur d'une mesure de vin.

Le 13 octobre 1539, un jurat de Lagos donne 3 fr. à un joueur pour que celui-ci promette, sous peine de payer chaque fois 50 écus, de ne pas jouer par jour plus de la valeur d'un piché de vin.

Le 11 décembre 1544, deux voisins donnent à un de leurs amis un double ducat d'or pour lui faire promettre que, pendant dix ans, il ne jouera à aucun jeu pour une valeur de plus de huit litres de vin, ou qu'il leur paiera chaque fois 5 doubles ducats.

MARIAGE.

Le sacrement du mariage paraît avoir été fort légèrement traité par les mœurs béarnaises; il suffit, pour s'en convaincre, de recourir aux articles : *Adultère, Concubinage, Divorce, Paternité,* etc.

MÉDECINS.

Le 14 juillet 1541, un malade, prêt à subir une opération chirurgicale dangereuse, déclare d'avance, par devant notaire, qu'il pardonne sa mort à son opérateur.

PATERNITÉ.

L'usage fréquent du concubinage, la facilité avec laquelle les mariages étaient rompus et la loyauté

avec laquelle les filles se confiaient à la bonne foi de
leurs séducteurs, rendaient très difficile, en Béarn,
l'application de l'axiôme du droit romain : *Is pater
est quem justæ nuptiæ demonstrant.* Aussi une foi naïve
et des mœurs patriarcales avaient donné beaucoup
d'importance aux serments que les femmes prêtaient
sur les Évangiles, et surtout sur l'autel de saint
Antoine.

Nous avons vu, le 9 mai 1405, un commandeur de
l'hôpital Saint-Antoine faire jurer publiquement à
une femme que c'était lui qui était bien réellement
le père de l'enfant qu'elle avait eu.

Le 25 octobre 1414, une femme mariée attestait,
par serment, que l'enfant qu'elle avait eu avant son
mariage était le fils d'un homme avec lequel elle
avait eu fort peu de relations.

Le 7 avril 1429, une femme jurait, en présence de
son mari, que la fille qu'elle présentait était réelle-
ment sortie de son ventre.

PRISON VOLONTAIRE.

Le 18 septembre 1429, un joueur permet de l'em-
prisonner s'il ne peut payer l'amende à laquelle il se
soumet, dans le cas où il manquerait à son serment
de ne plus jouer.

SÉDUCTEUR.

Le 17 mars 1550, le sénéchal d'Oloron condamne

un jeune homme à donner à une fille qu'il a déflorée
une indemnité qui lui permette de se marier dans
une bonne maison. (Voyez *Adultère.*)

SERMENT.

Les Béarnais, malgré la légèreté de leurs mœurs,
avaient une grande confiance dans la sainteté du
serment. Nous avons vu, à l'article *Adultère,* une
femme, accusée d'adultère, échapper à la vengeance
de son mari par le serment, et un homme épouser
une femme sur le serment prêté par un amant qu'il
n'a jamais eu de rapports avec cette femme. A l'ar-
ticle *Paternité,* nous avons également vu que le ser-
ment suffisait pour établir l'état civil des enfants.

Nous n'ajouterons aucun commentaire à ce
résumé analytique; il suffit amplement pour
prouver que les minutes des notaires, si riches
en documents historiques peu connus, renferment
aussi une source abondante de renseignements
philosophiques aussi utiles que les renseigne-
ments historiques proprement dits, et dont on ne
soupçonnait pas l'existence.

MŒURS BÉARNAISES

1335 A 1550

RENSEIGNEMENTS SINGULIERS

EXTRAITS DES MINUTES DES NOTAIRES DU DÉPARTEMENT
DES BASSES-PYRÉNÉES.

N° 1

8 Mars 1336.

Arnaud de Lanegàa, de Navarrenx, s'engage envers Guillaume du Brener, habitant de la même ville, à ne jouer ou faire jouer pour lui à aucun jeu d'argent pendant l'espace de deux ans.

Si Guillaume pouvait prouver, par deux témoins, une infraction, il aurait le droit de demeurer et de vivre avec les siens (1) dans la maison d'Arnaud pendant deux années entières.

(1) Dans cet acte, nous avons traduit les mots « estar e partisipar ab sa companhe en son ostau » par « demeurer et vivre avec les siens dans sa maison », plutôt que par demeurer et vivre avec la femme (d'Arnaud), parce que si, d'un côté, le mot « partisipar » est souvent employé lorsqu'il s'agit de la vie commune et intime d'un homme et d'une femme, d'une autre, le mot « companhe » n'est pas

Sous ces conditions, Guillaume consent à prêter 10 sous
morlàas à Arnaud.

[Arnaud] ([2]) senher de Lanegaa, de Navarrenx,
s'es obligat a Guilhem deu Brener, habitant de
Navarrenx....., faze jogar per sii medix, ni autre
persone per luis, a nulh joc or die se pergue per de
queste.... ii. anz complitz qu'eu dit Guilhem pusque
estar e partisipar ab sa companhe en son ostau, de
la Sent.... en ii. anz complitz per x. sols de morlaas
de soutade qu'eu dit Guilhem l'a prestat.... son man
l'ac pusque prauar per ii. testimonis.

Actum lo viii. die entrant deu mees (mars 1335,
v. s.). — [Testimonis] : de Faget-Poey, Berdot de
Lanegaa.

(Archives des Basses-Pyrénées, E. 1593, fol. 42, verso.
Notaires de Navarrenx.)

usité dans le sens de « femme ». Dans ce cas, le notaire se serait
servi des mots « molher », pour femme légitime, « massipe, drude
ou ostesse », pour concubine. Ce n'est pas l'énormité du fait qui
nous fait repousser le dernier sens, car les registres des notaires
sont émaillés de contrats tout aussi singuliers.

([2]) Nous avons trouvé dans un autre acte du même registre,
fol. 43, le prénom d'Arnaud, seigneur de Lanegàa, et la date du
mois de mars.

N° 2

16 Octobre 1337.

Pierre Arnauton de Faurie, de Mondrans, promet à Gassion, seigneur de Claverie, de Loubieng, que, de toute sa vie, il ne jouera ni ne fera jouer à aucun jeu d'argent, ni ne mettra d'argent au jeu, même à onze chances contre douze (¹). Si Pierre Arnauton manque à sa promesse, et que le seigneur de Claverie puisse le prouver par le serment d'un ou de deux témoins oculaires, le premier devra lui payer, sur le champ, 200 sous de morlàas, et s'il ne peut le faire, il devra sauter du haut du pont d'Orthez dans le Gave.

Conegude cause sie que Per Arnauton de Faurie, de Mondran, prometo e autreia a n' Gaision, senher de Claverie, de Lobieng, o au portedor de queste carte que eg, en tot lo termi de sa bite, no jogera ne jogar no fara a nul joc en que dier se pergue, ni prestera nul dier a joc, XI. per XII., ni en nulhe maneyre per gogar, e se a fase ne lodiit senher de Claverie, ni hom per luys l'ac pode prauar qu'eu fos tengut de dar e de pagar cc. sols de morlaas la ore que lodiit Per Arnauton aure jogat ne lodiit senher de Claverie l'ac podos prauar ab un testimoni o ab II. qui lo diit joc agossen bist, e se pagar non pode los

(¹) Nous traduisons ainsi l'expression « XI per XII », mais il est possible qu'il s'agisse d'un jeu qui nous est inconnu. Peut-être cela veut-il dire qu'il prêtera onze deniers pour en avoir douze.

dits cc. sols la ore que lodiit senher de Claverie l'ag
aure prauat ab aqueg o ab aquegs qui bist ag auren,
que lodiit Per Arnauton fos tiencut de sautar deu
pont de peyre d'Ortes en Gave, e aquegs qui bist
l'auren jogar qu'en fossen credutz o credut per son
segrement o per lors segrementz. E per totes e sen-
cles aquestes causes soberdiites tier e cumplir lodiit
Per Arnauton ac jura sober los sans auangelhis de
Diu e sober la crotz, tocat de ssa ma dextre, en obliga
son cos e sos beis, etc.

Asso fo feyt digaus dauant sent Luc, anno Do-
mini M°. CCC°. XXXVII°. Testimonis son de sso : Per
Arnaut de Larus, de Mondran, Per Arnaut d'Ari-
baute deu Portau; e jo Pes de Fors-Sans, notari
coatjutor de maeste Johan Merser, notari de Larbag,
qui aqueste carte escriscu e mon senhau costumat
hi pause.

(Archives des Basses-Pyrénées, E. 949 : Claverie de
Loubieng. Original en parchemin.)

N° 3

15 Janvier 1364.

Bernard de Saint-Pé, moine et aumônier de l'abbaye de Lucq, renonce à sa concubine, Bibentou de Miramon, et promet, sous peine de perdre son bénéfice, de n'avoir avec elle aucunes relations charnelles, en quelque lieu que ce soit.

Notum que fray Bernard de Semper, monge aumosner deu mostier de Luc (¹), renunsia Bibentoo de Miramon, de Luc-Bielh (²), sa concubine, ab lacoau nustems no aura que far, ni a luy en une maysoo no partisipara, ni en autre loc, carnaumens. E si a fase, so que Diu no bolhe, bol esser priuat de son benefisi, etc., e que mosenhor l'abesque d'Oloro (³) l'aya poder de dar a un autre, eg present ho absent.

Actum a Luc, dilus d'auant la cayre Sent-Per (⁴). Testimonis : P. deu Colom, Monaut de Semper, deu borc de Luc. Ego Andreas.

(*Archives des Basses-Pyrénées*, E. 1400, fol. 6. Notaires de Lucq.)

(¹) Abbaye de Bénédictins, située dans la commune de Lucq, canton de Monein, arrondissement d'Oloron, département des Basses-Pyrénées.

(²) Lucq-Bieilh, l'un des quartiers de la commune de Lucq.

(³) Oloron, ancien évêché, chef-lieu d'arrondissement des Basses-Pyrénées.

(⁴) Cette date correspond au 15 janvier 1364 (n. s.), le jour de la fête de la Chaire de Saint-Pierre tombant, cette année, un jeudi.

N° 4

25 Octobre 1367.

Frangole de Bives, de Lucq, femme de Ramonet de Gardères, proteste devant Guiraut, abbé du monastère de Lucq, contre l'introduction, dans sa maison, d'une concubine que son mari voulait prendre. Les témoins sont les curés de Poey et de Saucède.

Notum que en prezencie deu reuerent pay en Christ mossen en Guiraut, per la gracie de Diu, abat deu mostier de Luc, e de mi notari, e deus testimonis dejus scriutz, Frangole de Bives, de Luc, dixo e protesta que here no autreyaue ne ss'assentiue que Aramonet de Garderes, son marit, podos thir ne abitar en son ostau, ni en aute, negune femne per concubine. Abantz ac contrestaue e ac defene, en tant quant pode, cum a molher, per so car dixo la diite Frangole que nustemps here aquero no l'autreya ne ss'i assenti, ni las hores que lo pronunciat se fe enter lor ni en aute loc, abantz ac contrestaue e ac contreste en tant quant pot, cum diit es; e de sso la diite Frangole requeri mi notari que ne fes carte. Actum xxv. dies en october (1367). Testimonis : N'Arnaut, capera de Poey (¹); Arnaut-Wilhem, capera de Ssaucède.

(*Arch. des Basses-Pyr.*, E. 1401, fol. 5. Not. de Lucq.)

(¹) Poey, canton d'Oloron-Sainte-Marie-Est, arrondissement d'Oloron (Basses-Pyrénées).

N° 5

26 Novembre 1375.

Sentence rendue par Gaston-Phœbus, comte de Foix et seigneur de Béarn, sur un adultère commis par la femme d'un habitant de Saint-Abit avec Denot, baron d'Arros. — Le comte décide que : 1º le mari peut, à son gré, reprendre sa femme ; 2º le baron ne féra aucun mal au mari ; 3º le baron donnera une belle paire de bœufs au mari, comme indemnité ; 4º la femme rendra à son mari tout ce qu'elle a reçu de lui, et de plus une valeur égale à prendre sur ses propres biens. — Le jugement est prononcé dans l'église de Pau, en présence des parties, le baron d'Arros agissant en son nom et en celui de la femme adultère.

Conegude cause sie que sus la querelhe feite per Arnautuc de Cami, aperat de Soberbiele, de Sent-Abit (1), en Lessara de l'adulteri que Mariete, sa molher, aue commes ab lo noble baron mossen Denod, senhor d'Arros (2), lo mot noble e poderos senhor mossen en Gaston, per la gracie de Diu, comte de Foixs, etc., auditz sus aquere losditz senhor d'Arros e Mariete, los quos cofessan que aixi ere vertat, lodit mossen lo comte y ordena en la maniere qui s'sec :

Prumeramentz, si lodit Arnautuc bol crubar la

(1) Saint-Abit, canton de Nay-Ouest, arrondissement de Pau, département des Basses-Pyrénées.

(2) Arros, commune voisine de Saint-Abit, même canton. Le baron d'Arros était le septième des douze barons de Béarn.

dicte sa molher, la quau lodit senhor d'Arros ha en son poder, que sie tornade e liurade.

Item, que lodit senhor d'Arros asseguri lodit Arnautuc de no dar dampnadge, en cors ni en bees, segont la costume generau de la terre.

Item, condempna lodit senhor d'Arros a balhar ades de feit, audit Arnautuc, une boo par de boeus, per la injure que feite l'a.

Item, condempna ladicte Mariete ad arreder e tornar audit Arnautuc, son marit, tot son dot que eg l'a portat; e outre aquero, qu'eu ne balhe autant deus soos propris bees, per la faute deudit adulteri. E que lodit loc de Soberbiele (¹), ab sas parthiences, deu quau ladicte Mariete es proprietari, e la pelhs e totz autres bees mobles e no mobles de ladite Mariete, sien librats audit Arnautuc, son marit, a tenir e possedir totz temps, seys perde possession e seys soute de pague, tant entro que ladite Mariete, o hom per luys, l'aye pagat, tot en un colp, lo doble de son dot, cum sober diit es. La quau ordenance dessus dite, jo, notari dejuusdiit, de mandament deudit mossen lo comte, legu e publique a las dictes partides, en presenci deus testimonis dejuus escriutz; so es assaber : audit senhor d'Arros, aqui present, per nomi de sii medix e de ladite Mariete, si cum dixo, de une part; e audit Arnautuc, aqui present, d'autre part.

Feit fo en la glisie de Pau, le XXVI. jorn de novem-

(¹) Le *loc de Soberbiele* signifie la maison de Soberbiele, dont la femme était propriétaire; le mari était venu y demeurer, et, comme on l'a vu en tête de l'acte, il en avait pris le nom selon l'usage local.

bre, l'an mil ccc. LXXV. Testimonis : En B. Guilhem, senhor de Lussenhet (¹), donzel; Johan de Foo; Berdot de Lobier, clauer de Pau; P. Johan, armer de Morlaas; e jo B. de Luntz (²), etc.

(Archives des Basses-Pyrénées, E. 302, fol. 126.)

(¹) Lussagnet, canton de Lembeye, arrondissement de Pau.

(²) Bernard de Luntz, qui portait le titre de notaire général dans toutes les seigneuries du comte de Foix, était, en réalité, le secrétaire particulier de Gaston-Phœbus, qu'il accompagnait presque partout. Cet emploi ne l'empêchait pas d'être serf. Ses enfants, voulant être déclarés francs, rappelèrent au comte que leur père avait été son servidor antic. (Archives des Basses-Pyrénées, E. 310, fol. 73.)

N° 6

10 Avril 1385.

Bertranet, fils de Domec d'Angous, du consentement de Pierre Arnaut, son grand-père, se donne à ferme à Jean d'Arrigade, chaudronnier de Navarrenx, pendant quatre années, pour apprendre son métier, et il promet, sur les saints Évangiles, que, pendant ce temps, il ne jouera à aucun jeu, à moins que ce ne soit dans une compagnie où l'on joue du vin à boire, et que, pendant ce temps, il ne l'abandonnera ni nuit ni jour, et l'aidera en toutes choses dues et honnêtes toutes les fois qu'il en sera requis.

Notum que Bertranet, filh de Domec d'Angos, ab boluntat e licencie de Per Arnaut, son pay, aferma si medix ab Johano d'Arrigade, cooterer de Nabarrencx, per aprener de son mestier per lo termi de IIII^{te} antz prosmar bientz complitz e acabatz, condan deu jorn de la present date en la. En tot loquau termi prometo e jura lodiit Bertranet aus santz Euangelis de Diu, que no jogara a nulh joc on die se pergue sino que fos per companhie miey lot de bii per abeuer; e que de luy no s' partira sa estan sees sa boluntat, abantz ben e leyaumentz lo seruira, a son leyau poder, de noeytz e de dies, en totes causes dehudes e honestes, totes hores que l'ac manara, etc.

Testimonis : Arnaut Xantz de Noguer, Guixarnaut de l'Abadie de Nabarrencx. Actum a Nabarrencx, lo x. jorn de april M. CCC. LXXXV.

(Arch. des B.-Pyr., E. 1594, fol. 72. Not. de Navarrenx.)

N° 7

25 Mai 1385.

Jeannette de Villenave, femme de Jeanicou d'Ametzague, ayant été accusée d'inconduite par les oncles de son mari, jure, sur l'autel de Saint-Antoine de Navarrenx, qu'elle n'a jamais fait l'œuvre de chair avec ceux que les parents de son mari désignent, et, de plus, que Condor, sa fille, a été engendrée par Jeanicou seul.

Notum que Johanete de Bielenaue, molher de Johanico de Metssague (¹), d'Ostabarees (²), constituide personaumentz dauant l'autar de mossen sent Antoni de Nabarrencx (³), pausade sa ma dextre suus lodiit autar, jura dizen : Per Diu et per aquegs santz, juri que jo nustemps no agu amassio carnau, ne fii las obres carnaus ab aquegs que los parentz deudit Johanico m'an accusade et dat m'en fame, ne nustemps carnaumentz ne m'i ajuste; de mes, juri que

(¹) Nom basque qu'on écrit aujourd'hui Ametzague.
(²) Ostabaret, petit pays de l'arrond. de Mauléon (Basses-Pyrén.).
(³) Saint-Antoine était un hôpital de pèlerins, fondé dans la ville de Navarrenx, chef-lieu de canton de l'arrondissement d'Orthez (Basses-Pyrénées); il fut détruit vers le milieu du xvɪᵉ siècle, lorsque l'on construisit les fortifications de la ville; mais une porte a gardé son nom. L'autel de cet hôpital était, comme on le verra par l'examen des actes suivants, spécialement consacré aux serments qui touchaient aux adultères, fornications, etc. On y venait de dix lieues à la ronde. Le commandeur avait le droit de faire quêter en Béarn et dans le pays de Soule.

Condor, ma filhe, es filhe deudiit Johanico, mon marit, e engendrade de sas obres, sees que nulh aute homi no y a part, sino Diu et lodiit Johanico. Lo quoau segrament faze de boluntat deudiit Johanico, son marit, de Peyanaut de Metsague et de Garssie, senher d'Uhart, d'Ibarrola (¹), oncoos deudiit Johanico, qui eren presens, e per ordenance e composition deu noble mossen Marthi, senher de Domezanh (²), e per berificar e mondar si medixe cum aquere que de queg crim no ere meritente, e per ostar tote male error, que per aquero ere enter luy e losdiitz Johanico, e soos oncoos dessusditz. E aqui medix losdiitz Johanico, Peyanaut e Garssie quitan a ladite Johaneta de tot aqueg crim.

Testimonis : Willemet Sabater, Wilhem Arnauto de Sent-Juliaa, de Nabarrenx.

Actum a Nabarrenx, dauant lodit autar, lo xxv. jorns de may (1385).

(Archives des Basses-Pyrénées, E. 1593, fol. 49.
Notaires de Navarrenx.)

(¹) *Senher d'Uhart, d'Ibarrola,* c'est-à-dire propriétaire de la maison d'Uhart, située à Ibarrolle, canton d'Iholdy, arrond. de Mauléon.

(²) Ici, les mots *senher de Domezanh* signifient le seigueur du fief de Domezain, canton de Saint-Palais, arrond. de Mauléon.

N° 8

1385.

Bertrand, fils de Jourdane, femme de Capug, jure, sur l'autel de Saint-Antoine de Navarrenx, à la demande de Bertrand, seigneur de Barraute, qu'il n'a jamais eu de relations charnelles avec Bertranette, femme de ce dernier, et qu'à l'avenir il n'en aura pas.

Notum que Bertran, filh de Jordane, molher de Capug, de Berraute (¹), constituit personaumentz dauant l'autar de mossen sent Antoni de Nabarrenx, e la sente beraye crotz la ssuus pauzade, jura en la forme qui s' sec, disen : Per Diu e per aquegs santz, juri que jo nustemps no agu amassioo carnau ne fii las obres carnaus ab Bertraneta, molher d'en Bertran, senher de Berraute.... (²), ne bolhos far ab ere nustemps no m'ajuste ni desi en auant no a fare. [Loquoau segrament] que faze de boluntat e autrey deudit senher de Berraute, e per *(le reste manque)* (1385).

(*Archives des Basses-Pyrénées,* E. 1593, fol. 49. Notaires de Navarrenx.)

(¹) Barraute, section de la commune de Barraute-Camu, canton de Sauveterre, arrondissement d'Orthez (Basses-Pyrénées).

(²) Il s'agit ici du seigneur direct de l'accusé qui prête le serment.

Nº 9

15 Décembre 1387.

Gaillard d'Onès, procureur de Gaston-Phœbus au bailliage de Navarrenx, ordonne au baile de cette ville d'appliquer des croix d'étoffe aux femmes qui, sans la permission du comte de Foix, vivaient avec les prêtres de son bailliage. Cette opération est exécutée sur la concubine du curé de Préchacq et sur Doucette, maîtresse du curé de Saucède. Ces femmes devront porter ces croix, sous peine d'amende.

Notum que Goalhart d'Ones, procurador deu senhor en lo bailiadge de Nauarrencx, manda de las partz deu senhor a P. de Latapi, baile de Nauarrencx, que metos e pausatz crotz a las femnes de caperaas de son bailiadge qui no han licencie de mossenhor. E ades a la de Prexac (¹). E eg dixo que ere prest. E aqui medix la pausa a Doocete, femne deu capera de Saucede (²), a la quoau manda que la portas en pene d'une ley.

Testimonis : P. Bernat de Gestaas; Peyroto, filh deudit Goalhart d'Ones, e jo, etc.

Actum a Prexac, lo die que dessus (15 décembre 1387).

(Archives des Basses-Pyrénées, E. 1595, fol. 45.
Notaires de Navarrenx.)

(¹) Préchacq, canton de Navarrenx, arrond. d'Orthez (B.-Pyr.).

(²) Saucède, canton d'Oloron-Sainte-Marie-Est, arrondissement d'Oloron (Basses-Pyrénées).

N° 10

1er Avril 1388.

Guillaume Du Cog, de Cardesse, promet à Gaillardine, fille de Bernarde de Capdevielle, que si sa femme, qui est à Oloron, meurt, il l'épousera ; réciproquement, Gaillardine promet à Guillaume que si son mari meurt, elle l'épousera. En attendant, Guillaume s'engage à lui donner à boire, à manger, à la vêtir et chausser, comme il convient à une servante.

Conegude, etc., que Guilhem deu Cog (¹), de la marque de Cardesse de Monenh (²), prometo e s'obliga que si ere la cause que a luy se moris la molher que a ha Auloron (³), eg prenera per molher Gualhardine, filhe de Bernade de Capdebiele, de Pardies (⁴), et la medixe Gualhardine, que prometo prener lodiit Guilhem per marit, en lo caas que lo son marit lo s'moris ; aso prometo de far quant sera dehu : Enterant, lodit Guilhem prometo thier ladiite Gualhardine, eu prometo donar beuer e mingar, bestir e causar arasona-

(¹) Ce Guillaume Du Cog était un riche entrepreneur qui se chargea, en 1389, de la construction de l'église de Bésingrand, village peu éloigné de Monein. (*Archives des Basses-Pyrénées,* E. 1923.) Il a réparé aussi les églises de Pardies (Monein) et d'Artiguelouve.

(²) Cardesse était un quartier *(marque)* de Monein, c'est aujourd'hui une commune distincte, arrond. d'Oloron (Basses-Pyrénées).

(³) Oloron (Basses-Pyrénées) ; on écrivait souvent, par corruption, *Lo Loron,* aller *au Loron,* fait *au Loron.*

(⁴) Pardies, canton de Monein.

blemens, cum a sa masipe en caas que no a fes l'en pusque compelir, e ne fasen cum a bonne; obligation, etc.

Actum a Pardies, lo prumer jorn d'abriu (1388).

Testimonis : Berduc de Casemayor; Arnaudet de Pusaco, de Pardies.

(Archives des Basses-Pyrénées, E. 1921, fol. 18.
Notaires de Pardies, près Monein.)

N° 11

15 Mars 1393.

Sancholet de Laforcade, de Saucëde, s'engage vis-à-vis de Berdolet de Casenave, charron, de Lamidou, à ne jouer à aucun jeu d'argent pendant trois ans. Si Berdolet prouve que Sancholet a manqué à sa promesse, ce dernier paiera trois écus d'or. Sancholet déclare accepter ces conditions, parce que Berdolet lui a donné une charrette toute neuve.

Notum que Sancholet de La Forquade, de Saucede, prometo e autreya e s'obligua enta Berdolet de Cassanaue, aroder de Lamido, que si de la date de queste carte en tres antz, eg jogue a nulh joc en que die pergue, entro los tres antz sien complitz, que eg lo dara e paguara en diers contantz, seys dierades, tres escutz d'aur bos e de pees degut, e asso la que lodiit Berdolet l'aura proat suficientmentz que lodiit Sancholet dentz lo termi soberdiit aura joguat, e asso autreya lodiit Sancholet per rason de hu bros complit tot nau que lodiit Berdolet l'on a dat, lodiit Sancholet prometo tier, etc.

Actum a Luc, cum desus (15 mars 1393, n. s.).

Testimonis: Arnautuc de Fargues, de Luc; Monautolo de Palhoos, de Saucede.

(Archives des Basses-Pyrénées, E. 1404, fol. 34.
Notaires de Lucq.)

N° 12

Pierre de Safores promet à Bonine, sa femme, de ne jamais la battre avec un bâton ou autrement, sauf le cas où il la surprendrait « charnellement ajustée » avec un homme, et qu'il pourrait réellement prouver le fait. Si Pierre contrevient à sa promesse, il donnera 20 marcs d'argent au comte de Foix, et, de plus, à Arnaud de Navailles, abbé élu de Lucq, pour acheter une chape, quatre vaches ayant vêlé.

Notum que Pes de Safores, de [Saucède?], prometo e autreya e de son bon grat e serte sience s'obligua : que james a totz los dies de sa bite, eg, ni yrat ni paguat, a Bonine, sa molher, ab basto ni en aute manerii, per nulhe desagradabletat no la ferira ni batera, si no que fos lo caas que eg la atencos ab homi qui carnaumentz s'ajustas ab ladite Bonine, e que eg l'ac podos proar ab sufisientz proances; e ad aso s'oblygua en pene e sotz la pene de xx. marcz d'argent, aplicaders a mossenher lo comte de Foys, e lheuaders seys nulhe merser; e mes, d'aute part, que fos tengut de dar e paguar en queg caas a mossen n'Arnaut de Naualhes, eslheyt abat de Luc, coate baques betereres, en loc d'aumoyne, per far une cape misau, e ayxi ac prometo, etc.

Actum a Luc, lo xvii. dies de seteme (1398). Tes-

timonis : Menauto de Naualhes; Berdot de Castanh,
de Cadelho (¹), abitant a Luc.

(*Archives des Basses-Pyrénées*, E. 1405, fol. 166.
Notaires de Lucq.)

(¹) Cadillon, canton de Lembeye, arrondissement de Pau.

N° 13

9 Mai 1403.

Guirautine Du Cassou, demeurant à Lucq, déclare que l'enfant qu'elle tient dans ses bras est le fils de Fortaner de Domec, de Sus, commandeur de l'hôpital de Saint-Antoine de Navarrenx, et que nul autre que le commandeur n'est le père de l'enfant. Fortaner de Domec requiert acte de cette déclaration en présence du curé de Gurs, des jurats de Navarrenx et de beaucoup d'autres habitants de cette ville.

Notum que, en la presenci de mi, notari coadjutor, e deus testimonis dejus scriutz, Guirautine, filhe deu Casso de Naualhes, habitante a Luc, constituide personaumentz au loc de Nauarrencx, dauant e present Fortaner, filh de Domec de Ssus (¹), lasbetz comandador de l'espitau de Sent-Antoni de Nauarrencx, e aqui dixo audiit Fortaner que Bernat, son filh, que las ores thie en soos bras, es filh deudiit Fortaner de Domec de Ssus, e nat e engendrat de sas obres carnaus, sees que nulh aute homi no y ha part, sino Diu e lodiit Fortaner, ni nulh aute pay no ha ni pot hauer sino Diu e lodiit Fortaner; e a Diu e audiit Fortaner lo dona, e nustemps aute pay no l' dara ni pot dar; e a mayor fermesse li liura et meto en sas maas e en soos bras e en son poder; e lodiit Fortaner

______

(¹) Sus, canton de Navarrenx, arrond. d'Orthez (Basses-Pyrén.).

per atau lo recebo. En testimoniage e fermesse e
balor de lasquoaus causes ladiite Guirautine l'en
dona e autreya la present carte; laquoau lodiit For-
taner requeri lo fos feyte e dade une e a tantes cum
ne aure mestier e requerire. Testimonis : Mossen
Menaut, caperaa de Gurtz (¹); mossen Arnaut
Guilhem de Capdepont, prebender; mossen Perarnaut
de Minbiele, mise-cantaa (²), clerc; Johanet Deu
Costureer; Wilhemet de Gestaas, juratz; Arnaut-
Ramonet de Lafiite; Tolet de Melhoo, besiis de
Nauarrencx, trops d'autes; e jo, P. de Sent-Per.

Actum a Nauarrencx, lo ix. jorn de may (1405).

(Archives des Basses-Pyrénées, E. 1599, fol. 22.
Notaires de Navarrenx.)

(¹) Gurs, canton de Navarrenx, arrond. d'Orthez (Basses-Pyrén.).
(²) Pour *misse-cantaa, messe chantant,* chantre.

N° 14

9 Septembre 1405.

Condor de Bonnefont, de Geus, jure, sur l'autel de Saint-Antoine de Navarrenx, que Guilhamet, son fils, a été engendré par Sans de Pétregne, curé d'Aren, Elle déclare que ce serment est fait pour ôter au père tout mauvais soupçon. Celui-ci en requiert acte en présence du curé de Saint-Goin.

Notum que Condor de Bonafont, de Jeus (¹), constituide personaumentz dauant l'autar de mossen sent Antoni de Nauarrencx, pausade sa man dextre sober lodiit autar, e la senta beraye crotz lassus pausade, jura en la maneyre qui s' sec disen : Per Diu e per aques santz de mossen sent Antoni, juri que Guilhamet, mon filh, es filh de mossen Santz de Petrenhe, caperan d'Aren (²), e engendrat de sas obres, sees que negun aute homi deu mon no y ha part ni quoart. Lo quoau segrament dixo que faze per berificar si medixs e ostar tote aule suspition audiit caperan. E de las causes soberdites, lodiit caperan requeri carte. Testimonis : Mossen n'Arnaut de Binhau, caperan de Sent-Guoenh (³); P. de Binhau, d'Aren, e jo Guilhem Arnaud, etc.

(¹) Gens, cant. d'Oloron-Sainte-Marie-Ouest, arr. d'Oloron (B.-P.).
(²) Aren,   id.,   id.,   id.
(³) Saint-Goin, id.,   id.,   id.

Actum a Nauarrencx, dauant lodiit autar, lo
ıx. jorn de seteme (1405).

(Archives des Basses-Pyrénées, E. 1598, fol. 95
Notaires de Navarrenx.)

L'année suivante, la même Condor de Bonnefont
faisait un serment semblable, à la requête du même
prêtre, pour une fille nommée Guirautine (21 avril
1406).

(Archives des Basses-Pyrénées, E. 1599, fol. 76
Notaires de Navarrenx.)

N° 15

12 Mai 1406.

Bertrand Du Soler, prébendier, demande acte d'une
conversation qu'il avait eue avec Arnaud de Larric, de
Sauveterre. Il déclare avoir dit « que Gaillardet de Tilh
prenne garde d'être cocu »; mais rien autre chose concer-
nant ce dernier et sa femme. Le tout parce que Gaillardet
avait causé avec Arnaud des choses que le prébendier avait
faites à sa servante. — Témoins : les jurats d'Audaux et
ceux de Navarrenx.

Notum que en la presencie de mi, notari coadju-
tor, e deus testimonis dejus scriutz, Arnaut de
Larric, de Saubaterre (¹), dixo que dimercx prosmaa
passat, mercat de Nauarrencx, eg parla ab mossen
Bertran Deu Soler, d'Audaus (²), prebender, audiit
loc de Nauarrencx, e lo dixo que lo jorn dauant lo
deuen cornar las aurelhes, e lodiit mossen Bertran lo
respono e dixo : e cum? E eg diit Arnaut lo dixo que
eg e Goalhardet de Tilh, de Sente-Marie (³), hauen
parlat de luy, e que lodiit Goalhardet l'aue diit au-
gunes palaures de causes que lodiit mossen Bertran
haue feytes a sa macipe. E aqui medix sober aquero
lodiit mossen Bertran dixo a luy diit Arnaut : que

(¹) Sauveterre, chef-lieu de canton, arrond. d'Orthez (B.-Pyr.).
(²) Audaux, canton de Navarrenx, arrond. d'Orthez (B.-Pyr.).
(³) Sainte-Marie, section d'Oloron, arrond. d'Oloron (B.-Pyr.).

s' garde Goalhardet que no sie cocug. E lodiit mos-
sen Bertran autes palaures deudiit Goalhardet ni de
sa molher no dixo. E de las causes dessuus diites
lodiit mossen Bertran requeri carte.

Testimonis : Benediit Deu Bernet; Sancet de Na-
bone, juratz d'Audaus; Per Arnauto de Lafargoe;
Johanot Deu Costuree, juratz de Nauarrencx; Johan
de Capdebiele, de Yeub (¹); Bertran Deu Soler, d'Au-
daus.

Actum a Nauarrencx, lo dimercx XII jorn de may
(1406).

(Archives des Basses-Pyrénées, E. 1599, fol. 85.
Notaires de Navarrenx.)

(¹) Geup, section de Castetbon, canton de Sauveterre.

N° 16

25 Octobre 1414.

Prézade de Pée, de Gurs, femme de Gassiot de Crabites, de Sus, jure, sur l'autel de Saint-Antoine de Navarrenx, que Guiraut, enfant qu'elle a eu avant son mariage, est le fils de Guicharnaut de Bordenave, de Méritein.

Notum que Prezade, filhe deu Pee, de Gurtz, molher de Gassiot de Crabitees, de Ssus, ab boluntat e licencie deudiit Gasiot, son marit, constituide personaumentz fentz la glisie de mossen sent Antoni de Nauarrencx, estan a jolhs dauant lodiit autar, pauza sa man dextre suus lodiit autar e la sente beraye crotz la suus pausade, jura disen : Per Diu e per aques sentz de mossen sent Antoni, juri que un enfant qui jo agu prumer que lodiit Gassiot de Crabitees no fo mon marit, aperat Guiraut, es filh de Guixarnaut de Bordenabe, de Meritenh ([1]), e de sas obres nat e engendrat, e no de aute homi; e, thien sa man dextre suus lodiit autar e crotz, se sauba de far mes habunde si feit non haue une o dues begades, a goarde e conexence de la bone cort de Gurtz, per ordenance de la quoau dixo faze lodiit segrament ; e de sso ladiite Prezade requeri carte.

([1]) Méritein, canton de Navarrenx, arrond. d'Orthez (B.-Pyr.).

Testimonis : Monaut de Goza, de Gurtz; Berdolet de Begloc, de Castegnau (¹), e jo Arnaut, etc.

Actum fentz ladiite glisie de Sent-Antoni : die, ut supra (25 octobre 1414).

(Archives des Basses-Pyrénées, E. 1601, fol. 21.
Notaires de Navarrenx.)

(¹) Castetnau, canton de Navarrenx, arrond. d'Orthez (B.-Pyr.)

N° 17

15 Octobre 1427.

A Oloron, Pierre Arnaud de Cuyala promet à Monaut
d'Osque, procureur général du seigneur de Béarn, de ne
jouer, pendant trois ans, à aucun jeu de dés, ni en per-
sonne ni par main d'autrui, sauf au jeu de quilles, « à tout
boire et manger ». En cas d'infraction, Pierre Arnaud
devait payer 12 florins, savoir : 4 au seigneur souverain
de Béarn, 4 à la fabrique de la cathédrale de SainteMarie
d'Oloron, et 4 à Guilhemolo de Dombidau, d'Oloron.

Notum que Per Arnaut de Cuyalaa, habitant Au
Loron, de son bon grat, s'obliga que deu jorn de
la date de queste carte en tres antz prosmars no
jogara a nulh joc de dat ad argen propri, ni om
per luy, fore joc de caules a tot beuer e mingar. E
ssy a fase que bolo auer encorrut xii. floriis, feitz :
l'un ters au ssenhor mayor de Bearn, l'autre ters a la
facbrique de la glisie cathedrau de Sente-Marie, e
l'autre ters a Guilhemolo de Dombidau, d'Oloron; a
la quoau pene pagar obliga son cors e persone, etc.,
et totz soos bees et cum podence fiscal de senhor, e
asso ferma e s'obliga en maa de Monaut d'Osque,
procurador generau deu Ssenhor, loquoau procurador
per nom de ladite fabrique, senhor e Guilhemolo,
cum a persone publique stipulant e recebent, etc.

Actum xv. d'october (1427). Testimonis : moss.

Arnaud de Sen-Pau, moss. Arnaud de Poey, prebender, Johan de Larroy, Bertranet de Florensse, Guilhemolo deu Baroo, Miqueu de Sen-Pau, Johan Prat, Berdolet de Foo, Arnauton d'Abbadie, Guilhemolo de Dombidau, Arnaud Guilhem deu Casteig e d'autres d'Oloron.

(Archives des Basses-Pyrénées, E. 1766, fol. 82. Notaires d'Oloron.)

N° 18

30 Septembre 1428.

Transaction, relative à un adultère, passée entre Maurin Du Goaa, habitant d'Oloron, et Domengine Du Goaa, d'Aubertin, d'une part, et Johanolo de Sauboo, mari de cette dernière, de l'autre.

Le mari consent à reprendre sa femme, pourvu : que les parents de celle-ci s'engagent à payer les amendes civiles et religieuses encourues par les adultères; que sa femme jure que l'enfant qu'elle a eu avant son mariage provient du fait de son mari actuel; que l'amant s'engage à ne jamais entrer dans une maison où il saura que le mari ou la femme se trouve; que la femme, en arrivant, se mette à genoux pour demander pardon à son mari.

Notum que cum Maurii deu Goaa, habitant au Loron, e Domengine, filhe de Berdolet deu Goaa, d'Auberti, agossen comes adulhteri e copulation carnau e agossen engendrat i. filhot, segon fo diit, per loquoau adulhteri losdiits Maurii e Domengine se ffossen feitz fugitius deu loc d'Oloron e deu paiis de Bearn. E tractantz amicx agossen pregat et suplicat a Johanolo de Sauboo, d'Oloron, marit de ladiite Domengine, que eg tant per honor de Diu quant per amor d'augus soos amicx sa ire e malenconie e deshonor que aue pres, bolos amatigar, e aus diit Maurii e Domengine e a cada un de lor aquero remeter e perdonar, e bolos receber e tornar abladite

sa molher e abitar, segon marit e molher deuen far.
Loquoau Johanolo, mogut de compation e tant per
amor de Diu e honor de augus soos amicx, ladite
deshonor e bergonhe qui aue pres e losdiits Maurii
e Domengine l'auen dat, los remeto e perdona, ab
tau forme et condicion que lodit Berdolet deu Goaa
e Ramonet deu Goaa, son fray, aperat Beterer,
d'Oloron, prometon, autreyan et s'obligan que egs e
cada un de lor pagaran tote leys e penes, quinhes
quoaus sien, degudes tant a la senhorie temporau
cum espiritau, e auran absolution e quitation a totz
lors propris despentz e deu tot audit Johanolo e a
soos bees treyeran indempnes e lo degarenthiran.

Item, que la creature que prumere que ladite
Domengine a agude, ab i. seguidor en l'autar de
Sent-Johan de ___________ jurara la qui sera tornade
totes hores que losditz Berdolet ni son fray seran
requeritz, que aquere creature es e fo engendrade de
las obres et ajustament deudiit Johano e que es son
filh e no e de nulh autre omi.

Item, de mes prometon e s'obligan que egs de
qui au jorn de capdan prosmar o entertant feit bir
(venir) lodit Maurii e lo faran jurar sus lodit autar,
libe et crotz, james de si en abant no aura copulation
carnau ab ladite Domengine, ni james no entrara en
ostau on losdit Johanolo ni Domengine sie, si sabe
que dedentz fossen, e si y entraue ni los y bede que
feit s'en exis, sino ja que fos per lodit Johanolo
aperat; e, si lo contre fase, que lodiit Maurii agos

encorrut r^e ley mayor, la mieytat au senhor et l'au-
tre mieytat audiit Johanolo; exceptat que en glisie,
teuerne e molii lodiit Maurii posque entrar e estar
aixi que bist lo sie seys de qui partir, e que en quegs
tres locxs nulhe pene ni segrament no encorros ni
aye encorrut.

Item, plus que losdiitz Berdolet et Ramonet pro-
meton et autreyan que, dequi au jorn de Sen-Luc
prosmar o entertant, egs auran ladite Domengine
anade sercar e la auran preste per tornar ab lodit
Johanolo e taleu cum sie dauan ni present lodit Joha-
nolo, here se metara a genolhs e aqui tres betz, une
apres l'autre digue : « Jo Domengine dic que fo fause
e maubade fempne e ey feit gran adulteri de mon
cors cum a maubade fempne qui e pregui a bos
Johanolo que m' bolhatz perdonar. » E diit aixi, que
lodit Johanolo la prenque per la maa e la perdone.

Item, que feit losditz Maurii et Domengine aixi
que dessus es diit, lodiit Johano que prometo, au-
treya e s'obliga e jura sus los santz abangelis de
Diu ab sa maa dextre, que per cause ni rasoo deudiit
adulteri ni defalhiment james dessy en abant audiit
Mauri ni Domengine daun ni dampnage, a lor ni a
cada un de lor, en lors cors, persones ni bees, no dara
ni fara ni far fara a negune persone deu mon, e asso
en pene de dues leys mayors per luy pagaderes seys
nulhe merser : la une au Ssenhor mayor e l'autre au
diit Mauri o Domengine que lo dampnage aure pres.
A las quaus leys lodit Johano obliga son cors, bees e

causes. Laquau obligation jo, cogitor dejus diit, per
nom deu Ssenhor et dequeg qui sere dampnagat cum
a persone publique ladite obligation estipulant e rece-
bent; de mes lodit Johano, en birtut deudit segra-
ment que prometo e autreya que si sabe que negune
persone, per cause e rason deudiit adultere, ausditz
Maurii ni Domengine bolen dar daun ni dampnage
los ac denunciara, e dequeg los gardara a bone fee,
a sson leyau poder e saber. E per tot aixi cum dessus
es diit thir e complir losditz Berdolet e Aramonet
qu'en obligan totz lors bees, etc., renuncian, etc., e
de sso bolon dues cartes, lasquaus losdiitz Berdolet
et Ramonet prometon pagar.

Actum (à Oloron), lo darrer de seteme (1428). Tes-
timonis : Arnaut Guilhem de Leaas, Peyrot de Mase-
roles, d'Oloron.

(Archives des Basses-Pyrénées, E. 1766, fol. 97.
Notaires d'Oloron.)

N° 19

7 Avril 1429.

Mariote, femme de Ramonet de Trésarriu, de Bilhères,
dans la vallée d'Ossau, jure, sur l'autel de Saint-Antoine
de Navarrenx, que Clariane, sa fille, est sortie de son ventre
et non de celui d'une autre femme. Le mari confirme le
serment.

Notum que Mariote, molher de Ramonet de Tres-
Arriu, de Bilheres en Ossau (¹), constituide perso-
naumentz en la glisie de l'ospitau de Sent-Antoni de
Nauarrencx, ensemps ab luy lodiit Ramonet, son
marit, Condor et Graciane de Mediebiele, ladiite
Mariote estan a jonolhs dauant lodiit autar, loquau
autar mossen Ramon de Bayaut, comanday, haue
apariat segont que haue acostumat a far semblantz
aberatz, pausa sa man dextre sober lodiit autar e
suus lo libe missau et la sente beraye crotz la ssuus
pausade, jura disen : Per Diu e per aques santz de
Diu e de mossen sent Antoni, juri que aqueste em-
fante aperade Clariane, la quau estaue a jolhs au
son costat e ere la toqua ab la man esquerre, e la
drete thie suus lodiit libe missau e crotz, es estade
concebude en mon bente e que de mon bentre es
exide e no de bentre de aute femne. E thient sa

(¹) Bilhères, canton de Laruns, arrond. d'Oloron (Basses-Pyr.).

man dextre suus lodiit autar, libe e crotz, lodiit
Ramonet pausa sa man dextre suus la man de ladiite
Mariote, sa molher, autar, libe, crotz, e jura disen :
Per Diu e per aques santz de mossen sent Antoni,
bertat ditz. E thientz los maas dextres suus lodiit
autar, libe e crotz se sauban, protestan de far mes
habunde si feit non hauen en far lodiit segrament
une, dues o atantes, entro que feyt n'agossen a
goarde e conexence deu noble mossen lo senescauc
de Bearn e de sa honorable cort, per ordenance de
laquau dixon fasen lodiit segrament, etc.

Actum (à Navarrenx, 7 avril 1429).

(Archives des Basses-Pyrénées E. 1602, fol. 21.
Notaires de Navarrenx.)

N° 20

18 Septembre 1429.

Berdolet de Poey, du quartier de Loupien, à Monein,
s'oblige envers Peyrolet de Nagaillarde, d'Oloron, à s'abs-
tenir pendant sept ans de jouer ou de faire jouer pour lui,
avec son propre argent, à aucun jeu d'argent, ou à boire et
à manger, sous peine d'une amende de 18 sous à partager
par moitié entre le seigneur de Béarn et Peyrolet, et, en
outre, de donner trois quarts de quintal d'huile, savoir :
deux pour les lampes de l'église Saint-Girons de Monein,
et l'autre pour l'église Sainte-Lucie de Soeix. En cas de non
paiement, le joueur pouvait être mis en prison.

Notum que Berdolet de Poey, de Lopienh, de Mo-
nenh, prometo e s'obliga a Peyrolet de Nagoalharde,
d'Oloron, que eg no jogara a nulh joc argen propri,
ni a beuer ni mangar, ni fara jogar a nulh autre
persone, en pene de une ley mayor pagadere per luy,
la mieytat au Ssenhor e l'autre mieytat audit Pey-
rolet e plus de pagar tres coartaroos de quintau d'oli :
los dus a las lampes de la glisie de Sent-Girontz de
Monenh e l'un coartaroo a la lampe de Sente-Lucie
de Soeix; e asso per l'espasit de VII. antz prosmars
vientz, e en caas dentz aquegs se podos proar que
agos jogat o feit jogar, bolo e autreya que per tantes
de betz cum se poyre proar que aure jogat o feit

jogar, agos encorrut ladite ley mayor (¹) e tres coar-
taroos d'Oloron [pour *oli*] pagaders cum dessus.
Laquau obligation lodit Peyrolet, per nom de ssy et
jo cogitor, per nom deu Ssenhor e deus obrers e lam-
pers de lasdites glisies e stipullant e recebent, aixi y
obliga lodit Berdolet son propri cors e persone, qu'en
posque esser pres e arrastat e metut en preson tant
que aura pagat, aixi que dessus es diit, etc., e totz
soos bees, etc., autreyan a cascune part aixi que los
toque sencles cartes, etc.

Actum, testimonis ut supra (à Oloron, le 18 sep-
tembre 1429).

(Archives des Basses-Pyrénées, E. 1766, fol. 118.
Notaires d'Oloron.)

(¹) L'amende majeure a eu une valeur variable au xvᵉ siècle,
alors c'étuit 18 sols morlàas.

Nº 21

20 Août 1431.

Transaction, à propos d'un adultère, passée entre Arnau-
det de Binhes, mari de Guirautine, et Arnaud de Correyes,
à peu près aux mêmes conditions que dans l'acte ci-dessus
(nº 18).

Notum que cum corrot e malestanci fos e esperas
esser enter Arnaudet de Binhes, d'Oyeu, d'une part,
e Arnaud de Correyes, deu medix loc, d'autre, e asso
[per] cause e a cause car lodit Arnaud de Correyes
aue conegut e [aue] agut copulation carnau ab Gui-
rautine, molher [deudit] Arnaudet, e auen agut e
engendrat ɪ. filhot. Per cause [deudiit] enbergonhi-
ment tractantz amicx de cada part an [feit] arcort e
patz en la maneyre qui s' sec :

Tot prumeramentz lodit Arnaud jure sus l'autar
de mossen sent Just e sus lo san *te igitur* e la crotz
de Diu dessus pausade, que james de[ssi en] auant,
en tot lo termi de sa bite deudit Arnaudet ab ladite
Guirautine no aura copulation ni ajustament ______
ni bolira ni seguira dequere maubestat ni aure
__________ lament, escostementz ni publiques, abantz
_____________ son camii seys estancar ab ladite Gui-
rautine ___________ loc que james en lo termi de
la bite deudit [Arnaudet] ________ ostau de Binhes no
entrara, sino ja que [fo aperat per lodiit] Arnaudet.

Item, plus que deu jorn de la date de queste [carte]
__________ an, en lo loc d'Oyeu, en la teuerne si
lodit Arnau[det] __________ la borde de la teuerne
o en lo cap estadge no en __________ on lodit Arnaudet
sera, et sy lodit Arnaudet es en la bo[rde en]trara
en tau cabestadge, e si es en lo cabestadge enta la
borde en pene de detz sols de Morlaas, pagaders
une mieytat au ssenhor et l'autre mieytat audit
Arnaudet.

Item, que lòdit Arnaudet jure, en lo medix libe e
crotz, que mes, per cause de ladite [injuri], daun ni
dampnage, no fara ni dara audit Arnaud, en cors,
bees, ni causes en la pene susdite, etc.

Actum a Oyeu, xx. dies d'aost (1431). Testimonis:
mossen Johan de Puyoo, rector; Johano de Mede-
biele, Peyrolet de Soberbiele, Ramonet de Baylere,
d'Oyeu; Arnaud Guilhem de Leaas, d'Oloron; Pey-
rolet de Lacoste, d'Oyeu, e jo Pes de Bayone, etc. (¹).

(Archives des Basses-Pyrénées, E. 1766, fol. 158.)

(¹) Cet acte est en fort mauvais état, c'est ce qui implique les
lacunes du texte.

N° 22

18 Juillet 1439.

Bernard d'Audaux, prêtre et chantre de Sainte-Marie, s'engage envers Peyrot de Lacare, maréchal d'Oloron, à ne jouer avec des dés à aucun jeu, avec son propre argent, sous peine de payer 2 marcs d'argent pour chaque contravention, applicables l'un à la fabrique de Saint-Marie-d'Oloron, l'autre à Peyrot de Lacare.

Ces conventions devaient avoir leur effet pendant quatre années.

. Notum que mossen Bernat d'Audaus, preste, missecantaa de Sente-Marie, de sson bon grat, etc., se obliga enbert Peyrot de Lacare, manescaud d'Oloron, que deu jorn de la Magdalene prosmar bient en III^{te} ans, apres seguentz, no jogara am datz a nulh joc argent propri, en pene de dus marcx d'argent per luy encorredors per tantes betz cum jogara, aplicadors la mieytat a la fabrique de la glisie de Sente-Marie et l'aute mieytat audit Peyrot de Lacare; et aixi l'on pusquen compellir per cascune begade qui deu contre fare; obliga cors et biens, etc., jura, etc., et de no contrebenir, etc., renuncia, etc., autreya ta bone carte, etc.

. Feyt au Loron, lo xviii. jorns de julh l'an que dessus (1439). Testimonis son : mossen Ramon deus Coterers, Doat de L'Espitau, d'Oloron.

(Arch. des B.-Pyr.. E. 1767, fol. 66. Not. d'Oloron.)

N° 23

20 Avril 1452.

Berdolet de Péré et Guirautine de Sacaze, sa femme, tous deux de Lucq, se pardonnent les torts qu'ils ont eus l'un envers l'autre. La femme permet à son mari de se remarier avec qui il lui plaira, et celui-ci rend la liberté à sa femme, sous la condition expresse qu'elle épousera un homme qui avait eu des relations avec elle et en avait eu un enfant, sans quoi il reprendra ses droits de mari.

Les témoins de ce divorce sont : le curé de Poey et Verdets, le curé et trois jurats de Lucq.

Notum que cum temps a passat, segunt que fo diit, fos estat feyt e tractat matrimoni enter Berdolet, filh de Guiraud de Pere e de Alamanete de Goarderes, sa enrers, vesiis et habitantz de Luc, de une part, e Guirautine, filhe de Sacaze, deu borc de Luc, d'aute part : Per so es assaber que ladite Guirautine, molher deudit Berdolet, a reconegut et autreyat que era en lodit matrimoni contre lodit Berdolet, son marit, a falhit et delinquit de son cors e persone et feyt contre aquet, de que lo demande pardoo; e lodit Berdolet, per honor de Diu e a pregaries de augus lors amicx, e bist lo delinquement et defalhiment encontre luy feyt per ladite Guirautine, sa molher, e actenut que pot ben estar que eg, dit Berdolet, y aue augune colpe, e beden e esgoardan trops perilhs

e dampnadges que s'en poden enseguir; sii, de son
bon grat e serte sciencie, en nom e preguaries que
dessus, lodiit Berdolet pardona, e per tenor de las
presens pardona e quita a ladite Guirautine, sa
molher, de tot lo defalhiment e delinquement feyt
contre luy per ladite Guirautine, de qui au present
jorn e dessii en abant, en tant quant pot ni deu ni
a luy toque ne aperthiey ni apertier deu cum a son
marit; e lo dona e autreya, ab auctoritat de la pre-
sente carte, bone, pure, franque liccencie de prener
aute marit, aquet o aquetz que bist lo sera; e far sas
propris boluntatz de son cors e biens e causes per
tostemps. E per la medixe condition et maniere,
ladite Guirautine, ab boluntat e liccencie deudit
Berdolet, son marit, per nom e honor de Diu, que
dessus es dit, pardona e quita audit Berdolet en tant
quant pot e deu, e lo dona e autreya bone, pure e
franque liccencie de prener aute molher, aquere qui
a luy plasera, e de far sas propris boluntatz de son
cors e persone e biens e causes per tostemps. Totes
e sengles las quoaus causes dessus dites, en la pre-
sente carte contengudes, lasdites partides, l'une a
l'aute se prometon thier, seruar e complir. E no en
ren au contre far ni bier en nulhe maniere, e asso
en pene de **xxv.** marcx d'argent a cascun qui au
contre fare ni biere, paguedors e lheuadors sens
nulhe mercer, la mieytat a la hobre de la glisie
cathedrau de Sente-Marie d'Oloron (¹), e l'aute miey-

<hr>

(¹) Sainte-Marie-d'Oloron, siége de l'évêché d'Oloron (B.-Pyr.).

tat a la partide hobediente. Obliguan, etc., lors propris cors e persones qu'en podossen estar prees e arastatz, etc., et generaumentz, etc. Empero lodit Berdolet que se sauba e arthienco que augun aperat Guilheumes Breto, loquoau abe thiencude ladite Guirautine, sa molher, e agut ne une enfante, segunt se dixo, que aqueg la prenque per molher e la tengue cum marit deu far a molher, e au caas no a fesse e no la prene per molher, que se sauba e arthienco son dret e sa senhorie que per deuant abe sus ladite Guirautine. De las quoaus causes las dites partides requerin sengles cartes de une forme e tenor.

Asso fo feyt a Luc, lo **xx.** jorns d'abriu, l'an **m. cccc. lii.**

Testimonis son desso los honorables : en mossen Ramon de Baure, rector de Poey e de Berdetz ([1]); mossen Biot deu Fabarnet, rector ([2]); Ramonet de Goes; Guilhem Arnaut de Pont; Bernat deus Layos, juratz de Luc; e jo Arnaudet, etc.

(Archives des Basses-Pyrénées, E. 1409, fol. 137.
Notaires de Lucq.)

([1]) Poey et Verdets, communes du canton d'Oloron-Sainte-Marie-Ouest.

([2]) Dans cet acte, le mot *rector,* curé, n'est pas suivi du nom de lieu; mais de nombreux contrats du même registre indiquent Biot Du Habarnet comme curé de Lucq.

N° 24

4 Août 1471.

RÈGLEMENT RELATIF AUX CAGOTS [1]

Notum sit que constituit personalment, en presenci de mi notari et deus testimonis juus scriutz, P. de Bolauc, garde et cum a garde deu loc de Momor [2], requeri, manda et inhibi, tant que a luy ere permes, a maeste Ramon, chrestian [3] deudit loc de Momor, que eg ni sa molher, gendre, filhe, ni autes de ssa familie, no agossen a tenir bestiars, ni far laboradge, mes que agossen a bibre ab lor offici de charpanterie cum antiquementz auen acostumat et se deue far.

Item, que no agossen ad anar descaus enter las gens deudit loc.

Item, que no agossen a entrar en lo molii per moler cum presumiuen et attemptauen far, mes lo sag balhassen au molier a la porta de la mole per moler.

Item, que agossen a domandar l'aumoyne et queste

(1) Cet important document n'est pas cité dans l'*Histoire des races maudites* de M. Francisque Michel.

(2) Moumour, commune du canton d'Oloron-Sainte-Marie-Est, arrondissement d'Oloron (Basses-Pyrénées).

(3) Jusqu'au XVIᵉ siècle, les cagots furent toujours connus, en Béarn, sous le nom de *Crestiaas, Chrestiaas, Chrestians,*

acostumade a cascun hostau en reconexence de lor
chrestianetat et separation.

Item, que quant anassen obrar per biele, se por-
tassen en que beure, affin que no metossen en proe
a negun, ni begossen on los autres besiis de Momor
beuen.

Item, que agossen a serbir et obrar de lors officis
aus besiis deudit loc de Momor dauant totz autres,
ab lor jornau rasonable, cum far deuen et deu con-
trari s'esayauen far.

Item, que no anassen lauar a las fontz ni en autre
lauader ont los besins deudit loc lauassen, ni tant
pauc frequentar en lauan bugade o baxere ab las
autres lauadores deudit loc.

Item, que no agossen a baiar ni dansar eg ni sa
familie ab los autres besins ni besies deudit loc.
Cum lo tot fosse cause juste et rasonable, segont
dixo et antiquementz aixi sole esser feyt, usat et
acostumat, autrement ladite garde protesta encontre
lodit maeste Ramon et sadite familie de tot infesi-
ment, dampnadge, interesse, deshonor et bergonhe
que ausditz de Momor o augun de lor s'en podore
enseguir.

Et aixi ben se desencusa si no bolen seruar so
dessus ausditz maeste Ramon ni sadite familie abie
degun pec, dampnadge o inconuenient. De que ladite
garde requeri carte, laqual deu balhar si es necessari
a mi notari notade.

Actum a Momor, lo iiii^{te} jorn d'aost l'an mil

iire LXXI. Testimonis : Berdolet deus Basquos, Berdolet de Sent-Jorge et Pey de La Rey, de Momor, et jo Pees, etc.

(Archives des Basses-Pyrénées, E. 1768, fol. 228.
Notaires d'Oloron.)

N° 25

23 Mars 1479 (v. s.).

Bernard de Forgesantz, de Louvie-Juzon, ayant été abandonné par Prosine, sa femme, « se voyant tout seul sans compagnie de femme, voulant et désirant en avoir, comme à tout homme ou femme, depuis l'âge convenable, il est permis de faire selon le droit et le bon motif, » convient avec Amadine d'Abadie, de Gan, du consentement des frères de celle-ci, de la prendre chez lui en attendant qu'il soit débarrassé de sa femme. Bernard se servira d'Amadine comme si c'était « sa propre femme épousée », et dès que Prosine sera morte il l'épousera.

Pour « corroborer » l'acte, les parties, en présence du notaire, des témoins, parmi lesquels est un jurat, se baisèrent bouche à bouche et lèvre à lèvre, en signe de la « copulation charnelle » qui devait être faite entre eux.

Notum sit que en presenci de mi, notari coadjutor, et deus testimonis jus scriutz, Bernat de Forgesantz, de Lobier-Juson (¹), dixo que cum ed agosse prese per molher, temps ha passat, a Prosine, filhe de Arnaud de Plasser et de Audine, sa molher, et aquere spozade; laqual dite Prosine no thien se pagade ne contente deudit Bernat, son marit, ni de ssa companhie, ha habandonat et feyt laichesse [de son cors et persone, et a ssa guisa, et talement que per sa iniquitat et malicie ha lexat lodit Bernat, son

(¹) Louvie-Juzon, canton d'Arudy, arrond. d'Oloron (B.-Pyr.).

marit, aixi que l'a semlat de qui au present, et
segont lodit Bernat dixo fase cascun jorn : a cause de
que lodit Bernat bedent se solet, sentz companhie de
femne, bolent, affectant et desirant ne auer, aixi que
a cascun home et fempne, despuixs es d'adge suffi-
cient, es licit et permetut far segont dret et bone
rason, so conciderat, lodit Bernat se es combengut
et arcordat am Amadine de Abadie, Johan et Johano,
sous frays, et autres lors parentz et amicxs et beni-
bolentz, deu loc de Gant (¹), en tau forme et condicion
que lodiit Bernat ha prometut et autreyat de prener
et thier ladiite Amadine en loc de molher et a mieye
carte en tau maneyre que, si Diu fase son comande-
ment de ladite Prosine, que ed prenera per molher et
per spoze a ladite Amadine et la spozara en facie de
sancte mayre glisie, apres que de ladite Prosine sera
desbengut. Et fo arcordat enter losditz Bernat et
Amadine, Johan et Johano, sous frays, que enter
tant lodit Bernat aura, thiera et se seruira de ladite
Amadine aixi cum si ere sa propri molher spozade,
la bestira et caussera son cors et persone, lo donera
a minyar et a beure, la serbira, sane et malaude, de
noeytz et de jorns, aixi cum si ere sa propri molher,
cum diit es. Prometo autreya lodiit Bernat et expres-
sament son propri cors et persone se obliga enbert
ladiita Amadine, que si ere lo caas que ed la bolos
lexar, ne la lexas, que no la bolos prener per molher
ni spozar, cum diit es, que ed lo balhera et paguera

(¹) Gan, canton de Pau-Ouest, arrond. de Pau (Bass.-Pyr.).

la some de sincoante floriis correns, condan ix. sols
jaques (¹) per cascun florii. Et aixi medix ladite
Amadine, de son consentiment, et aixi ben d'arcort
et boler de sousdiitz frays et autres amicxs, parentz
et beniuolens, bolo, concenti et autreya d'estar,
seruir et damorar am lodiit Bernat, en la forme et
maneyre que par dessus es diit. Et aixi ladiite Ama-
dine ac prometo, jura et expressament enuert lodit
Bernat, se obliga de aixi ac tenir, seruar et complir
et lo sera bone, ferme et leyau de son cors et de ssa
persone, et lo seruira et fera en totes causes a luy
possibles, aixi que molher deu ni es tengude far a
son marit, fermat et spozat, ab tal condicion que
lodit Bernat lo tengue et complesque las causes sus
diites, aixi et per la maneyre que par dessus es diit
et declarat. Pero si lo caas ere que ladiite Amadine
fes laischessa de son cors et lodit Bernat ac pode
proar, que en quet caas ere lo quitaue et bole auer
acquitat losdiits ᴸᵗᵃ floriis et no autrement.

Et per tenir et complir totes et sengles las causes
en lo present instrument contengudes l'une partide
a l'aute qu'en obligan totz lors bees et causes a ben-
dition d'enquant, etc., et per cofessar las causes
susdiites et autres jus scriutes qu'en constituin los
procurayres en las cortz de mossen lo official de
Lescar (²) et de mossen lo senescal de Bearn, los

______

(¹) Le sou jacques était une monnaie de compte aragonaise, fré-
quemment employée dans les actes jusqu'au xviiiᵉ siècle.

(²) Lescar, ancien évêché, chef-lieu de canton de l'arrond. de Pau.

notaris ordinaris de lasdiites cortz et de cascune
dequere, que are son o per temps seran, ausquoaus et
a cascun de lor donan poder de las causes susdiites
coffessar cum a bones, leyals et bertades, sentz que
negun dequetz no reuocaran ni feran reuocar tro
tant que las causes susdiites seran totalment de punt
a punt seruades et complides. Prometon, cascun per
sa part, tenir complir tot so et quant qui per cascun
deusdiitz lors procurayres sera coffessat, aixi cum
si per lor medix stans presens judicialment ere stat,
feyt, concedit et autreyat, et deu tot los relheuar, etc.
En obligation que dessus renuncian, etc.; speciau-
ment et expressament qu'en renuncian, et dixon
que bolen auer renunciat a tot dret de nostre sant
pay lo Pape, de son legat, comis, deputat, abesque,
arcebesque, prelat, et de tot aute judge ecclesiastic
per loqual l'un ni l'aute de lor se poyre baler ni
ajudar per auer ni obtenir, auer agut ni obtengut
benefici de absolution deu segrement toquant so
dessus per cascun de lor feyt et prestat et en lo pre-
sent instrument contengut. Et a caas lodiit benefici
de absolution agossen obtengut ni obtengossen per
star absout et absoute deudit segrement, bolon tal
absolution fos inite, bane, cassade, reuocade et
anullade, cum ha nulle et per nulle efficaci et balor
metude et pausade, etc.

Et ladiite Amadine specialment et expressament
qu'en renuncia *legi Velliane,* senatus consultu et
legi : *si qua mulier,* et *legi Julie de jure dotium et fundo*

dotali et a totz autres dretz en fauor de las dones
introdusitz; et generalment los totz qu'en renun-
cian, etc. Et lasquoaus causes susdiites l'une partide
a l'autre se prometon tenir de punt a punt, servar
et complir quant l'une partide a l'autre, totes ores
et betz o la et quant l'un requerire a l'autre, etc.

Et per corroboration et ajustament de las causes
susdiites, au fasen de las presens et aqui medix,
losdiitz Bernat et Amadine l'un a l'aute de boque a
boque et de pod a pod se baysan et ajustan en nom,
senhau et loc de bone, pure, beraye, leyale amis-
tance et copule carnale enter lor fasedore. Et a
maior fermesse de las causes susdiites losdiitz Bernat
et Amadine de lors propris gratz et boluntatz, l'un
enpres de l'aute que juran sus los IIII^{te} santz euan-
gelis de Diu, etc. Et s'en autreyan sengles instru-
mentz d'une tenor, ta fortz cum far ni rer far s'en
pusquen, ab cosselh de sabis, etc.

Actum a Gant, lo XXIII. jorn de mars, l'an
M. IIII^c LXXIX. Testimonis son de so : Peyrot de
Tressens, jurat; Peyrolet d'Acot; Johan de Clauerie,
de Gant; et jo Arnautuquet de Tressens, coadjutor
[deu noble escuder en Bernadon de Gerderest (¹),
notari de Gant].

(*Archives des Basses-Pyrénées*, E. 2129, fol. 203,
Notaires de Gan, — supplément.)

(¹) En Béarn, la qualité de notaire n'était pas incompatible avec
la noblesse; Bernadon de Gerderest appartenait à l'une des plus
grandes familles de ce pays.

N° 26

12 Juin 1497.

Gaillard, propriétaire de la maison de Laborde, du quartier de Marquemale, à Lucq, reconnaît qu'il a écouté les conseils de faux amis, et qu'il a volontairement oublié les dommages et les dépenses qui l'accablent, et ceux qui vont survenir, parce qu'il est frappé d'excommunication au grand péril de la maison de Laborde. Gaillard ajoute qu'il fréquentait les tavernes, jouait à des jeux de hasard et ruineux ; mais voyant que sa femme, ses fils, ses filles et toutes sa famille travaillent, il revient à de meilleurs sentiments, se dispose à faire comme sa famille. Par le conseil de ses amis, en présence du baile et des jurats, réunis à sa demande pour cette affaire, Gaillard promet et jure sur l'Évangile qu'il ne s'offrira pour caution à personne pour des dettes ou des emprunts, sauf pour choses nécessaires à ses amis ou parents, comme poursuites judiciaires, pour les tirer de prison, pour marier des filles pauvres. En outre, Gaillard promet de ne jouer à aucun jeu où l'on puisse perdre or, argent, pain, vin, viande, ou quelque chose ayant valeur, sous peine de 10 écus pour chaque infraction, à partager par moitié entre la fabrique de l'église et le trésorier de Saint-Michel de Lucq.

Enfin, désormais toute caution consentie par Gaillard, sur ses biens, est déclarée nulle.

Notum que segont aqui fo dit Goalhart, senhor de Laborde, de Marquemale de Luc, de lonctemps enssa, tant per abmisisions de alguns qui se disen star sous amicxs tant boluntarement no concideran los grans

carcxs, dampnadges qui l'on son bengutz et poyren
deuenir a cause de que es innodat en sentencies
d'escomenge et en gran prejudici et dampnadge
deudit hostau de Laborde qui es quasi destruc-
tion dequere, aye acostumat et a costume et aixi
ben aye usat de demorar en tebernes grande-
mentz continuades, jogan a jocxs deshonest et
destructioos, et concideran lo tot bedent que sa
molher, filhs, filhes et tote sa familie continuan tot
jorn en tribalhan et fasen deu bee et a las fiis que
ayen melhor boluntat et meten en effieyt tant si
medixs cum lasdites molher et familie, de son bon
grat et gradable boluntat et ab concelh de sous
amicxs et en presencie deus bayle, juratz jus scriutz,
stan assemblatz per ladite coenhta a ssas pregaries,
prometo et jura aus santz euangelis de Diu, que no
intrara fermance, a negune persone per degun deute
ni malheute sino per obs necessaris et per sous amicxs
et parentz en caas de crims et per treyer de preson
et per marridar punceles praubes, et d'autre part que
no goyara a nulh joc deshonest ni a autes ont se
joge aur ni argent, paa ni vii ni carn ni autes causes
qui ac balossan, et asso suus la pena de detz scutz,
incorredors per luy totes et tantes begades que per
nulhe persone sere trobat en jogan los suusditz
jocxs, et aplicadors la mieytat a la fabrica de la
glisie et l'aute mieytat à l'obre de mossenhor Sent-
Miqueu de Luc, et au caas a ffessa que negune fer-
mansserie ne obligasse soos bees, aquetz no pusque

obligar de l'ore present en auant, auantz sie tot nulhe et de nulhe efficasi et balor, et per aquegs en caas los incorros podos star compellitz per los procuradors, clauers et aute aben carcq de lasdites glisies, aixi cum per cause judyade, conegude, etc., obligan, etc.

Actum a Luc, lo xii. de jun (1497). Testimonis : Ramon de Bordenabe; Guilhem Brun de Bordenabe; Arnaut de Lassala; Ramonet de La Caussade; Bernat de Diuseyde; Ramon-Arnaut deu Colom; Johanet de Pardies; Johan deu Sarrat.

(Archives des Basses-Pyrénées, E. 1413, fol. 35.
Notaires de Lucq.)

N° 27

8 Mai 1504.

Guillaume de Dieuseyte, de Lucq, de son propre mouve-
ment, promet de ne jouer jamais à aucun jeu, en Béarn,
au delà d'une mesure de vin par jour. S'il manque à
sa promesse, il paiera chaque fois un marc d'argent à
partager moitié pour la fabrique de l'église de Lucq et
l'autre moitié entre trois habitants du lieu, parmi lesquels
se trouve Gaillard de Laborde, le même joueur repentant
qui figure dans l'acte du 12 juin 1497.

Notum sit que Guilhem de Diuseyta, de Luc, de
son bon grat, etc., no costret, etc., mes de son propii
mouement, prometo de a james no jogar a negun
joc de quinhe o quoal se bol condition se bulhe, en
lo present paiis de Bearn, ni degune part dequet, de
ung lot de bin en suus per jorn, et a cas a fes, bolo
et se consenti auer incorrut ung marc d'argent,
aplicador la mieytat a la fabrica de la glisie, et l'aute
mieytat a Goalhard de Laborde, de Marcamale, Ber-
nad de Pusenh et Johanet de Lacare, lostotz deudit
loc de Luc, et per tantes begades que fes au contrari;
la quoal pene fo instipulade, a cas se incorros, per
mi notari jus nomiador cum a persone publica, etc.
Actum a Luc, lo oeyt de may an susdit (1504).
Testimonis : Ramonet de La Caussadé, jurat, Arnaud
de Lay, de Luc, et [jo Guilhem Arnaud de Pont,
notari].

(Archives des Basses-Pyrénées, E. 1414, fol. 204
Notaires de Lucq.)

N° 28

13 Octobre 1539.

Dans la maison de maître Jean de Broquisse, barbier de Henri II, roi de Navarre, à Lagor, Laurent de Pédemont promet à Jean de Pailhas, jurat de Lagor, qu'il ne jouera de sa vie à aucun jeu, soit de l'or, de l'argent, du blé, du seigle, de l'avoine, du millet, du bétail, etc., mais il se réserve de pouvoir perdre un piché de vin par jour.

Si Laurent est surpris à jouer, il s'engage à donner à Jean de Pailhas 50 écus, pour chaque fois qu'il jouera. Enfin, pour que Laurent ne joue plus, le jurat de Lagor lui donne 3 francs, et Laurent en fournit quittance.

Notum sit que lo XIII^{al} jorn deu mes de octobre mil v^c trenta et nau, stant en lo loc de Lagor et fentz la maison de maeste Johan de Broquuisa, barber de la Reau Mayestat, fon feytz et concordatz arcortz inter Laurentz de Peedemont, de Lagor, de une part, et Johan de Palhas, jurat deudit Lagor, de autre, so es que lodit Laurentz a prometut que luy no joguera a degun [joc] que se pusca dizer, aur, argent, froment, blat, sybade, milh, bestiar ni aute cause, et asso per lo termi de sa bita, et reseruat un piche de bii per jorn, a cas lo pergos, et sy lodit Laurentz fase et se trobaba auer feyt a degun joc, cum diit es, prometo balhar audit Johan de Palhas la some de sinquoante scutz correntz, condan detz

et hoeyt sols per scut, per cascune begade qui
jogare et per que lodit Laurentz se cesse de jogar
lodit Johan de Palhas lo balha aqui de present, reau-
mentz et de feyt, la some de tres francxs correntz,
condan detz sols per francq, losquoaus lodit Lau-
rentz recebo et s'en tengo per ben content et pagat,
et obligan, etc.

Actum a Lagor, ut supra. Testimonis : honorables
Bernat de Peedelaborde, jurat; Pees de Moliis, de
Lagor; lo senhor Bertran de Uhart, marchant, de-
morant a Bordeu, et Johan de Berges, coadjutor.

(Archives des Basses-Pyrénées, E. 1334, fol. 180
Notaires de Lagor.)

N° 29

14 Juillet 1541.

Sansolet Polon, d'Oloron, sur le point d'être soumis à une opération dangereuse par Pierre Du Poey, médecin d'Angoulême, promet, en cas de mort, le pardon à son opérateur.

(Le patient ne mourut pas, car il figure dans des actes postérieurs.)

Notum sit que com maeste Pees deu Poey, de Angolesme, habitant au Loron, agosse prees en charye de curar et far certa operation manuale en et suus la persona de Sansolet Polo, d'Oloron, et en las partides genitores, en lo estreman ung colhon, et per co es ascauer : que lodit maeste Pedro prometo far ladite cura, etc., et ladite operation et no lexar ny noeyt ny jorn lexa lodit Sansolet, mes lo pensar a son leyau saber et poder, tant entro que sera mort o goarit. Et si caas era que lodit Sansolet morisse en ladite cura fasent, ny despux, no a colpa deudit Poey, lodit Sansolet que pardona per sy et sa molher et enfans audit deu Poey, etc. Et per tenir, etc.; obligan son corps et persona et sos bees et causes a l'inquant, etc.

Actum et testes ut supra [à Oloron, le 14 juillet 1541. Témoins : Joanet de Dombidau, marchand d'Oloron; Joanet d'Audiguees, de Sainte-Marie; Joan d'Audiran, Domingo de Baylac, Jean de Lauhira, Arnaud de Soler, habitant a Oloron], et jo G. La Binhe.

(Archives des Basses-Pyrénées, E. 1771, fol. 179.
Notaires d'Oloron.)

N° 30

11 Décembre 1544.

Pierre de Bonnecaze, dit *de Carpasse*, de Navarrenx, et Francisco Sticiliano ([1]), habitant de la même ville, conviennent avec Pierre Arnaud de La Salle, dit *Du Fray*, aussi de Navarrenx, que celui-ci, pendant dix ans, ne jouera ni ne fera jouer pour lui à aucun jeu d'argent, sauf qu'il pourra jouer du vin, c'est-à-dire quatre « pichés » (huit litres) par jour (le jour et la nuit ne comptant que pour un jour). A chaque infraction, Pierre Arnaud de La Salle devait payer 10 écus soleil.

De leur côté, Pierre de Bonnecaze et Francisco lui donnent 2 écus soleil, en un double ducat d'or, pour l'encourager à ne plus jouer.

Notum sit que pactes son statz feitz et passatz inter Pierris de Bonecasa, de la bille de Nauarrenx, alias dit de Carpasse, et Francisco Sticiliano, habitant de Nauarrenx, de une part, et Perarnaud de La Salle, alias Deu Fray, de ladite bille de Nauarrenx, d'autre part, so es que lodit de La Salle prometo de no jogar a degun jocq de argent per lo termi et spassi de detz ans, compdant de la date de la presente, comensant lo onzal de decembre et finent a semblan jorn losditz detz antz reuolutz et passatz;

([1]) Ce personnage était un ingénieur italien que Henri II, roi de Navarre, avait appelé en Béarn pour diriger les travaux des fortifications de Navarrenx.

empero podera jogar au bi, a tout jocq, entro au
nombre de quoate piches de bin chacun jorn o noeit,
condan noeit et jorn per ung, et a caas lodit de La
Salle fes lo contrari de las causes susdites, sera ten-
gut de pagar per chacune begade que atemptara
far, ni fara lo contrari, en degune maneire ni per
autre interpausade personne, ni lui per autre per-
sone, la some de detz scutz deu sorelh, et chacune
begade que fara lo contrari de las causes susdites
aus susditz. Et per so dessuus diit et pactes los medix
de Bonecasa et Francisco Seticiliano susdiitz que
ne balhan realment et de feit audit de La Salle dus
scutz sorelh en une pesse de ung ducat doble, bon,
d'or et marchant, a l'autrey et faction de la presente
et per aixi thier, etc.

Actum, ut supra [11 décembre 1544]. Testimonis :
Jean deu Cabaler, de Bielanabe, et Sancho de Safores,
de Nauarrenxs, et jo, dit Cogitor [Bertrand de Salle-
franque].

(Archives des Basses-Pyrénées, E. 1620, fol. 125.
Notaires de Navarrenx.)

N° 31

17 Mars 1550.

Blanquine de Laborde ayant été séduite par Jean Du
Gauser, le sénéchal d'Oloron condamne ce dernier à donner
à sa victime, dans le délai de deux mois, pour compenser
sa défloration et payer sa pudicité, 50 petits écus et une
vache pleine ou avec son veau. Le tout à fin que Blanquine
puisse « copuler en mariage » en quelque bon lieu.

Blanquine de Laborde, de Aurios, supplicante
contre Joan Deu Gauser, deudit loc, *dictum est :*
condampnat deffendor a balhar et pagar a ladite
supplicante per recompense de la defloration et pretz
de la pudicitie, a ladite Blanquine per lodit Deu
Gauser estremade, la some de cinquoante escutz
petitz et une baque preng o betriere, fens lo termy
de dus mees, et asso aus fiis que ladite supplicante
se pusca retirar et copular en maridage en quauque
bone part. Aussi lodit Deu Gauser aus despens en la
presente cause feytz; de las autres causes a plus
auant contre luy domandades lo relaxañ et per
cause.

(*Archives communales d'Oloron,* FF. 8. Registre
du sénéchal.)

9 782329 696553